我的世界
病毒扩散 ①

英国卡尔顿出版集团 著
王翼瑞 译

童趣出版有限公司编译　人民邮电出版社出版
北京

图书在版编目（CIP）数据

我的世界. 病毒扩散1 / 英国卡尔顿出版集团著；童趣出版有限公司编译. —— 北京：人民邮电出版社，2021.1
 ISBN 978-7-115-54872-6

Ⅰ. ①我… Ⅱ. ①英… ②童… Ⅲ. ①智力游戏—少儿读物 Ⅳ. ①G898.2

中国版本图书馆CIP数据核字(2020)第174264号

著作权合同登记号 图字：01-2019-7725

Copyright © Carlton Books 2020
Published in 2019 by Carlton Books Limited
20 Mortimer Street, London W1T 3JW

This book is not endorsed by Mojang Synergies AB. Minecraft and Minecraft character names are trademarks of Mojang Synergies AB.
All images of Minecraft characters © Mojang Synergies AB.

All rights reserved. This book is sold subject to the condition that it may not be reproduced, stored in a retrieval system, or transmitted in any form or by any means, electronic, mechanical, photocopying, recording or otherwise, without the publisher's prior consent.

Creator: David Zoellner
Script: Eddie Robson
Special Consultant: Beau Chance
Design: Darren Jordan/Rockjaw Creative
Design Manager: Matt Drew
Editorial Manager: Joff Brown
Production: Nicola Davey

本书中文简体字版由英国卡尔顿出版集团授权童趣出版有限公司，人民邮电出版社出版。未经出版者书面许可，对本书的任何部分不得以任何方式或任何手段复制和传播。

文字翻译：王翼瑞
责任编辑：孙　洋
执行编辑：李文婧
责任印制：李晓敏
封面设计：林昕瑶
排版制作：张鹤飞

编　　译：童趣出版有限公司
出　　版：人民邮电出版社
地　　址：北京市丰台区成寿寺路11号邮电出版大厦（100164）
网　　址：www.childrenfun.com.cn

读者热线：010-81054177
经销电话：010-81054120

印　　刷：北京东方宝隆印刷有限公司
开　　本：787×1092　1/16
印　　张：6
字　　数：50千字
版　　次：2021年1月第1版　2021年1月第1次印刷
书　　号：ISBN 978-7-115-54872-6
定　　价：38.00元

版权所有，侵权必究。如发现质量问题，请直接联系读者服务部：010-81054177。

作者简介

戴维·佐尔纳，以网名"仲裁者617（ARBITER617）"为人所知，是黑色等离子（BLACKPLASMA）工作室的主力之一。他们制作的轰动全网的网络动画播放量已超过3200万次。戴维·佐尔纳现居住在美国。

关于《我的世界》的奇幻冒险漫画！

病毒扩散

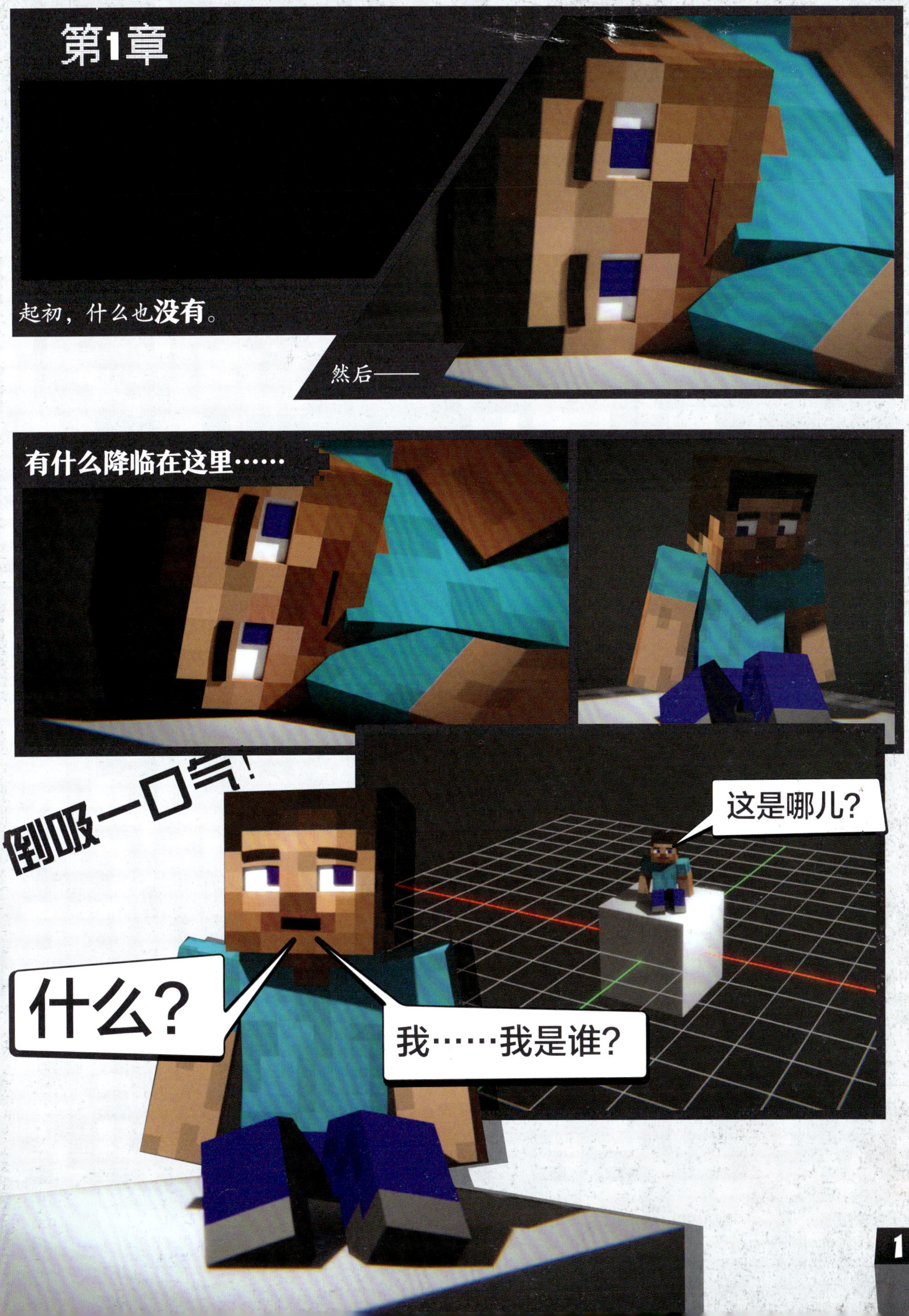

艾比将镜头拉近了些。

点击！点击！

拉近！

哇……

这是什么？

嗯……你好啊？

这个屏幕上的人物并不是艾比创造的,他也不受艾比控制。

他是……**有生命的吗**?

那么……现在要怎么做?

艾比有了些主意……

移动光标

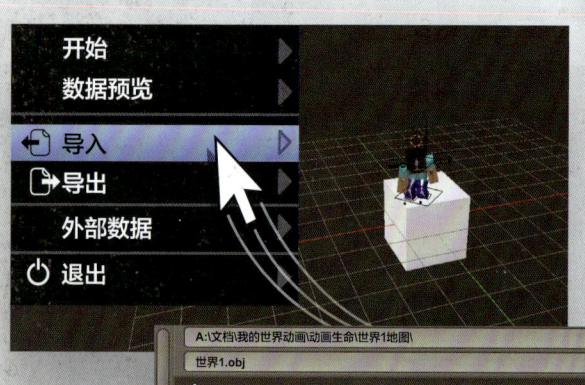

敲击!敲击!

实际上他有好多**主意**。

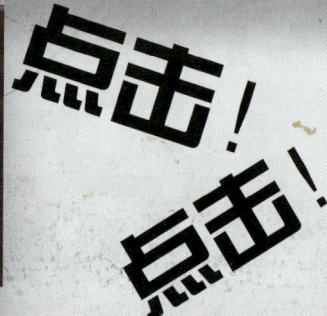

点击!点击!

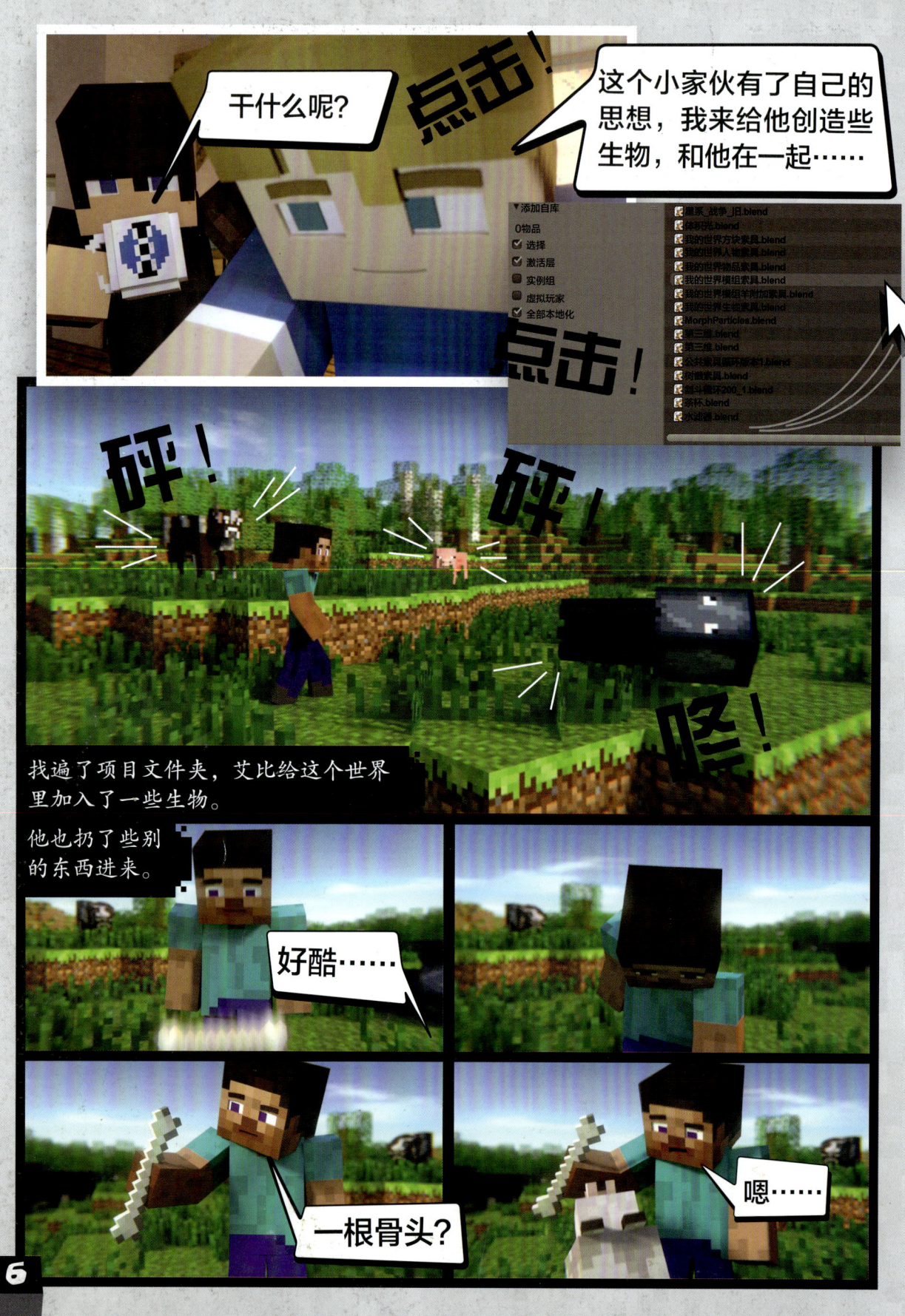

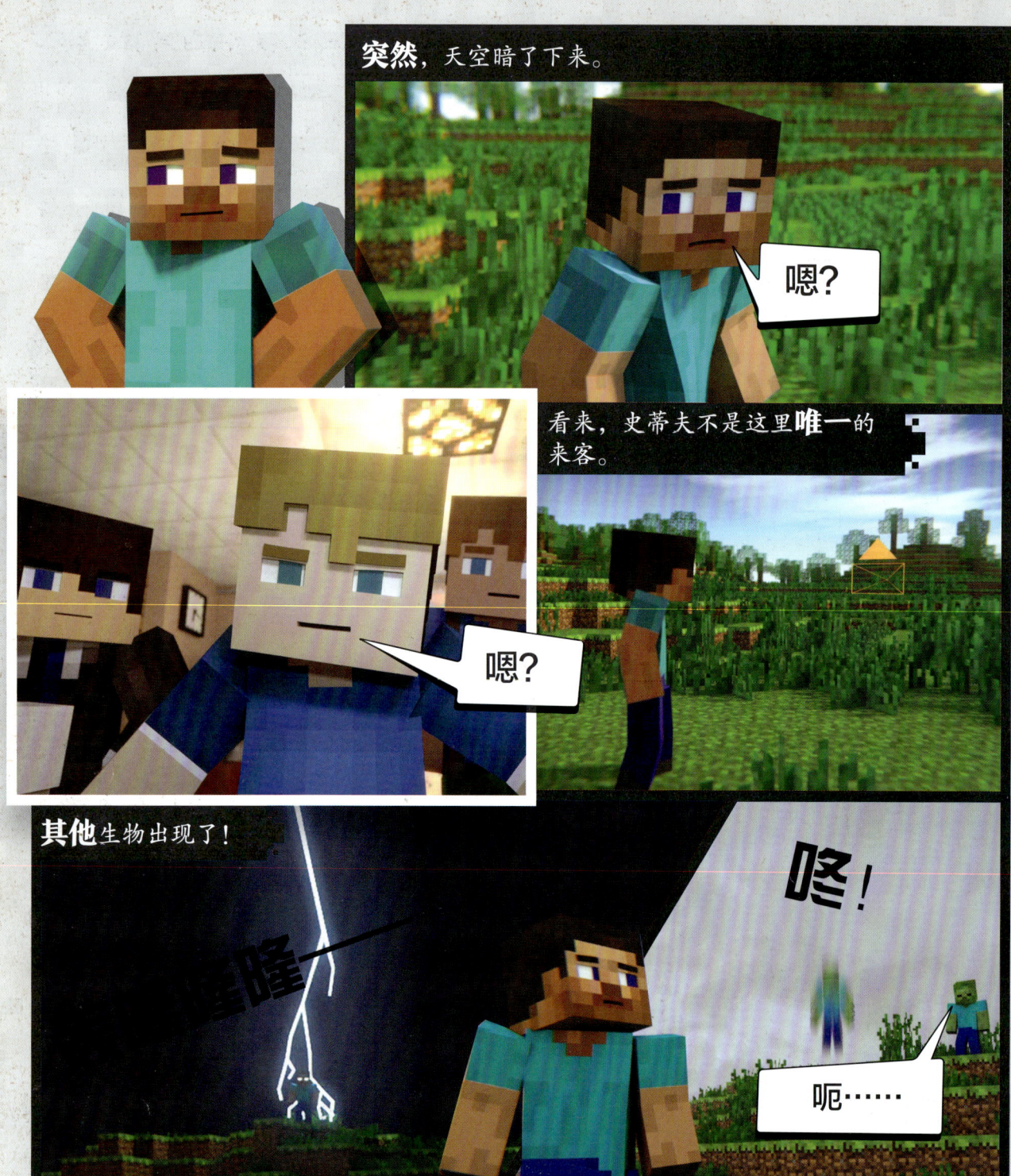

史蒂夫尽量屏住呼吸,至少不要喘得那么厉害。

糟糕。

嗷呜!
嗷呜!

狼加入了战斗!

刺入!

史蒂夫趁着它走神儿的时候——

第2章

新世界第一天的尾声有些**悲伤**。

史蒂夫对他的狼朋友道了声保重。

虽然他与它相识不久,但它牺牲了自己的性命救下了主人。

哔——哔——哔——

史蒂夫的伤感也传递到了另一个世界。

嘟……

艾比决定做点儿什么。

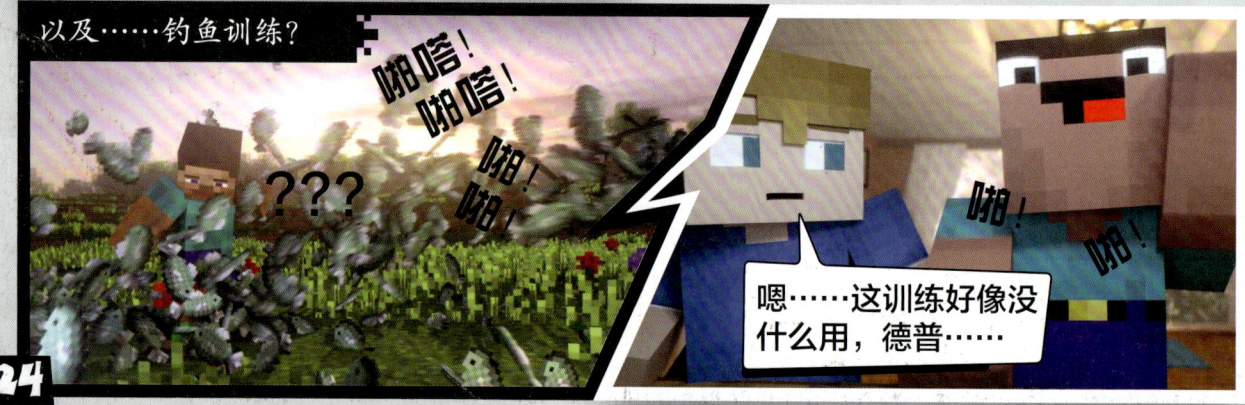

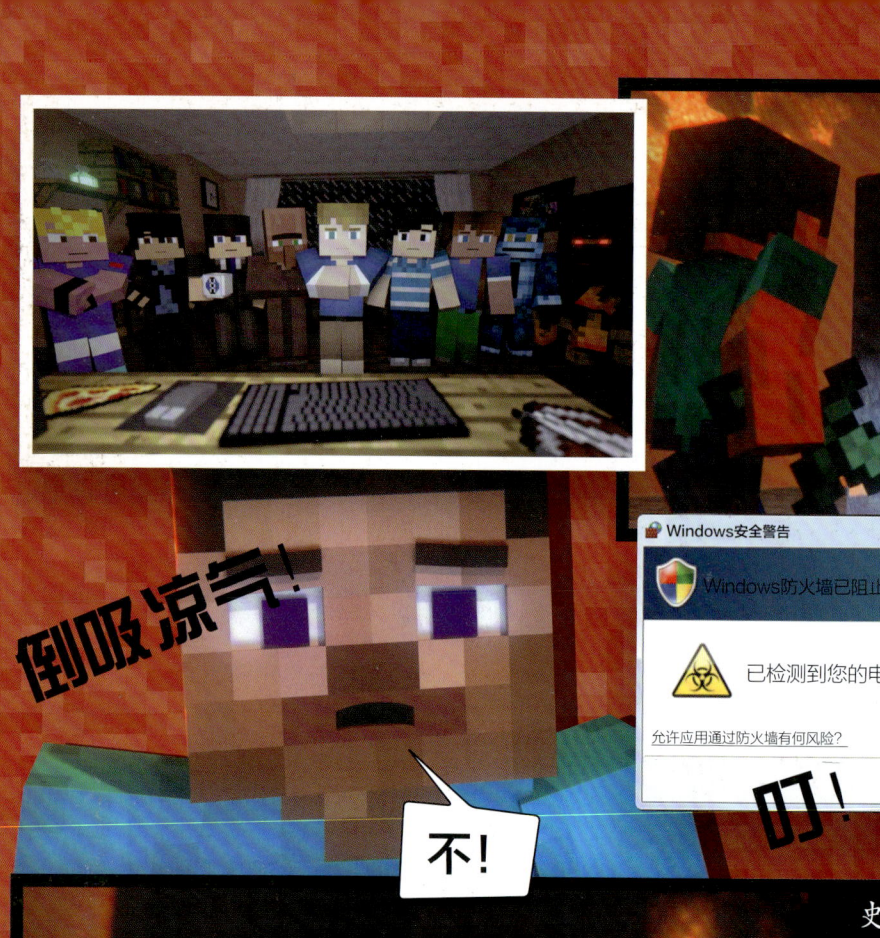

史蒂夫直视着自己的倒影。

他惊恐地发现它产生了**变化**。

哎哟!

哗啦啦——

史蒂夫与海洛布莱恩一定有着某种联系……

总算自由了……

到了这个洞穴,史蒂夫让他获得了**自由**!

现在,史蒂夫只有一个选择——

把一切**终结**于此。

不幸的是,这点儿鱼可阻挡不了海洛布莱恩……

又**或许**……?

鱼堆得满满的……

系统资源

叮!

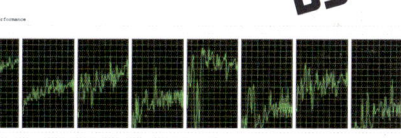

注意:
世界中的物品过多!

海洛布莱恩可不会停下……
但鱼如此多,以至于突然——

警告! 即将崩溃!

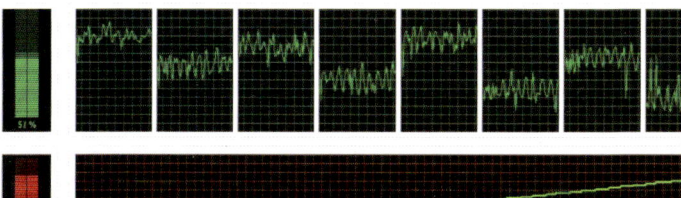

世界停止运行了!

检测到系统出现问题,现在为了控制损害,计算机已经停止运行。

内存不足。

如果这是你第一次看到这个报错界面,重启你的电脑。如果这个界面再次出现,那么请遵循以下步骤:

检查是否安装了新的软件或者硬件,如果有的话,询问相关的生产商该产品所需要的系统版本。

如果仍然有问题,禁用掉任何最近安装的软件或硬件,禁用主版的内存选项,例如高速缓存或者映射功能,如果你需要使用安全模式以移除或禁用有问题的部分,重启你的电脑,按住F8以选择进阶启动选项,然后选择安全模式。

技术信息:

*** 停止: 0x00000060 (0xF2N094C2, 0x00000001, 0x4FQ1CCC7, 0x0000000)

*** 4FQ.sys – Address FWTV1999 base at 4s4m5000, Datestamp 4d5dd88c

开始清空物理内存。

物理内存已清除。

联系你的系统管理员以得到更多的帮助。

系统**崩溃**了。

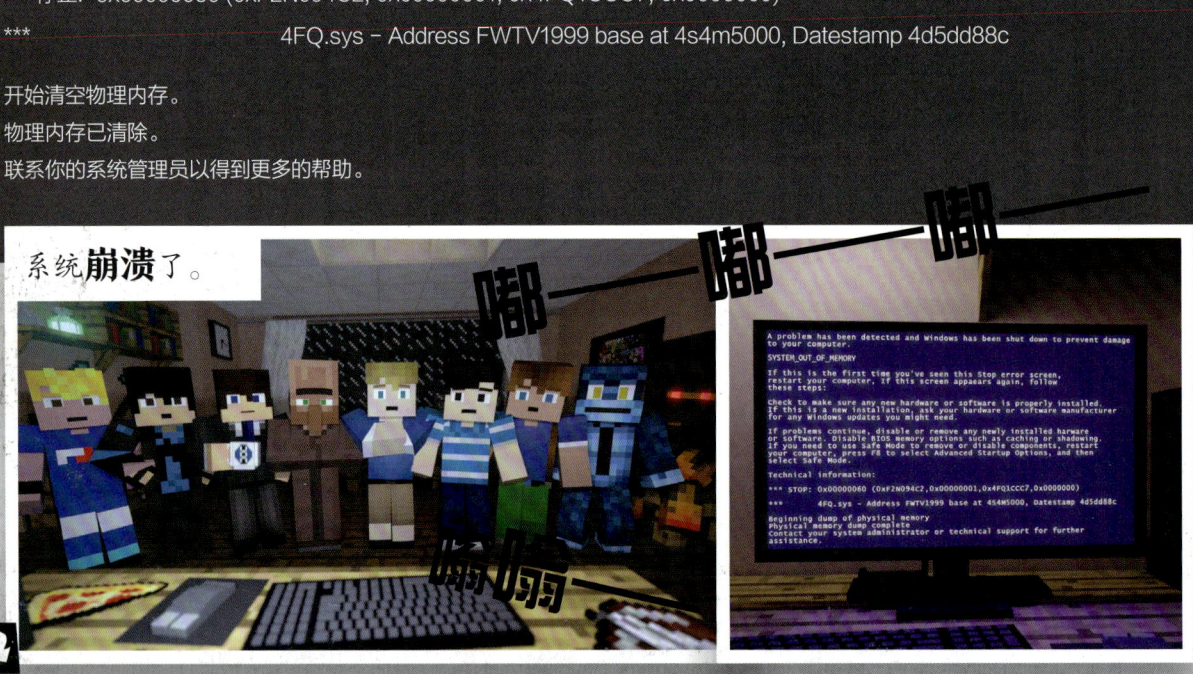

史蒂夫从黑暗中**醒来**。

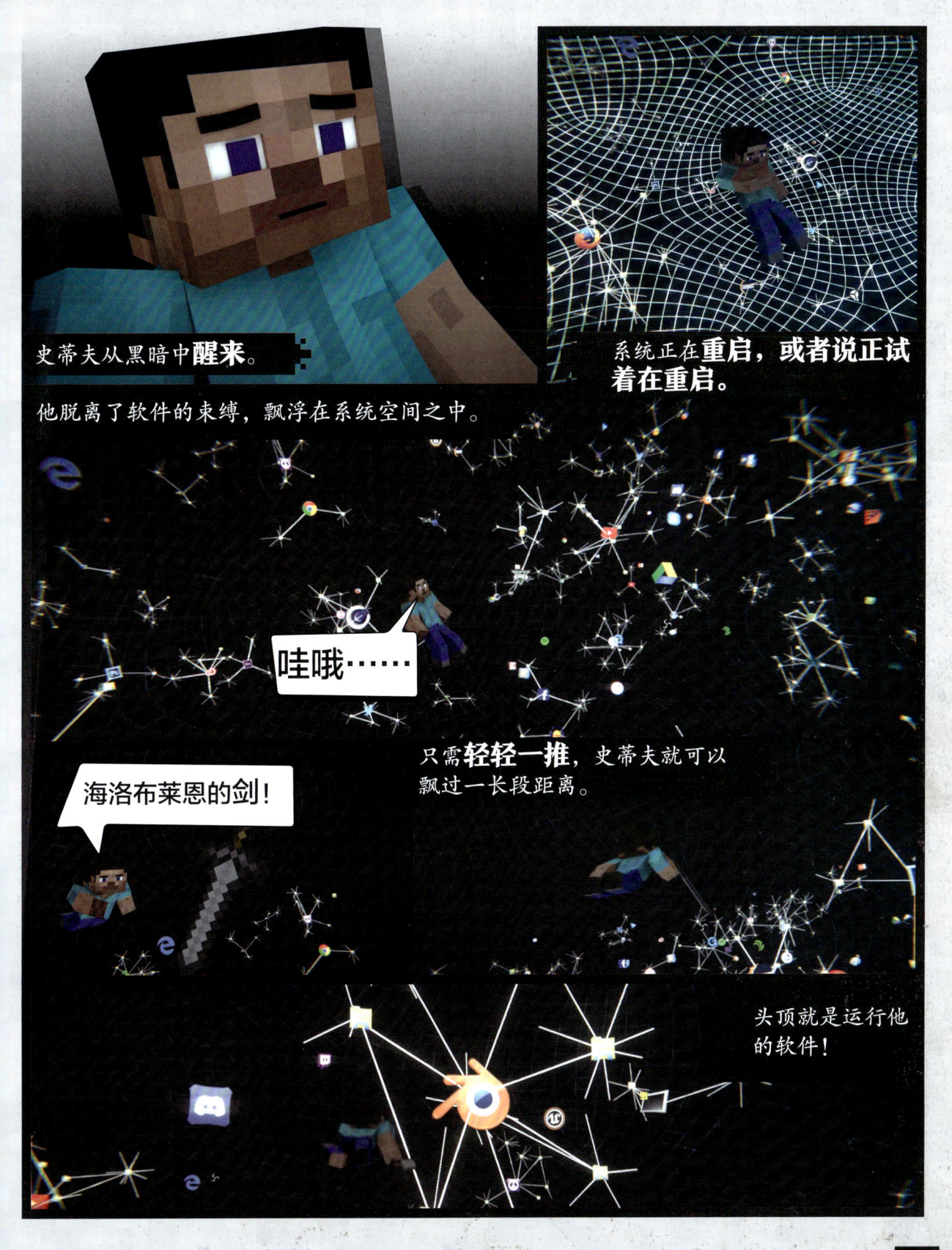

系统正在**重启**，或者说正试着在重启。

他脱离了软件的束缚，飘浮在系统空间之中。

哇哦……

只需**轻轻一推**，史蒂夫就可以飘过一长段距离。

海洛布莱恩的剑！

头顶就是运行他的软件！

他飘向那个软件。

或许史蒂夫能够回去。

但是病毒仍然存在!

哇啊!

电脑的网络连接。

或许因为与病毒的连接瘫痪了。

史蒂夫知道该怎么做了。

电源被切断了。

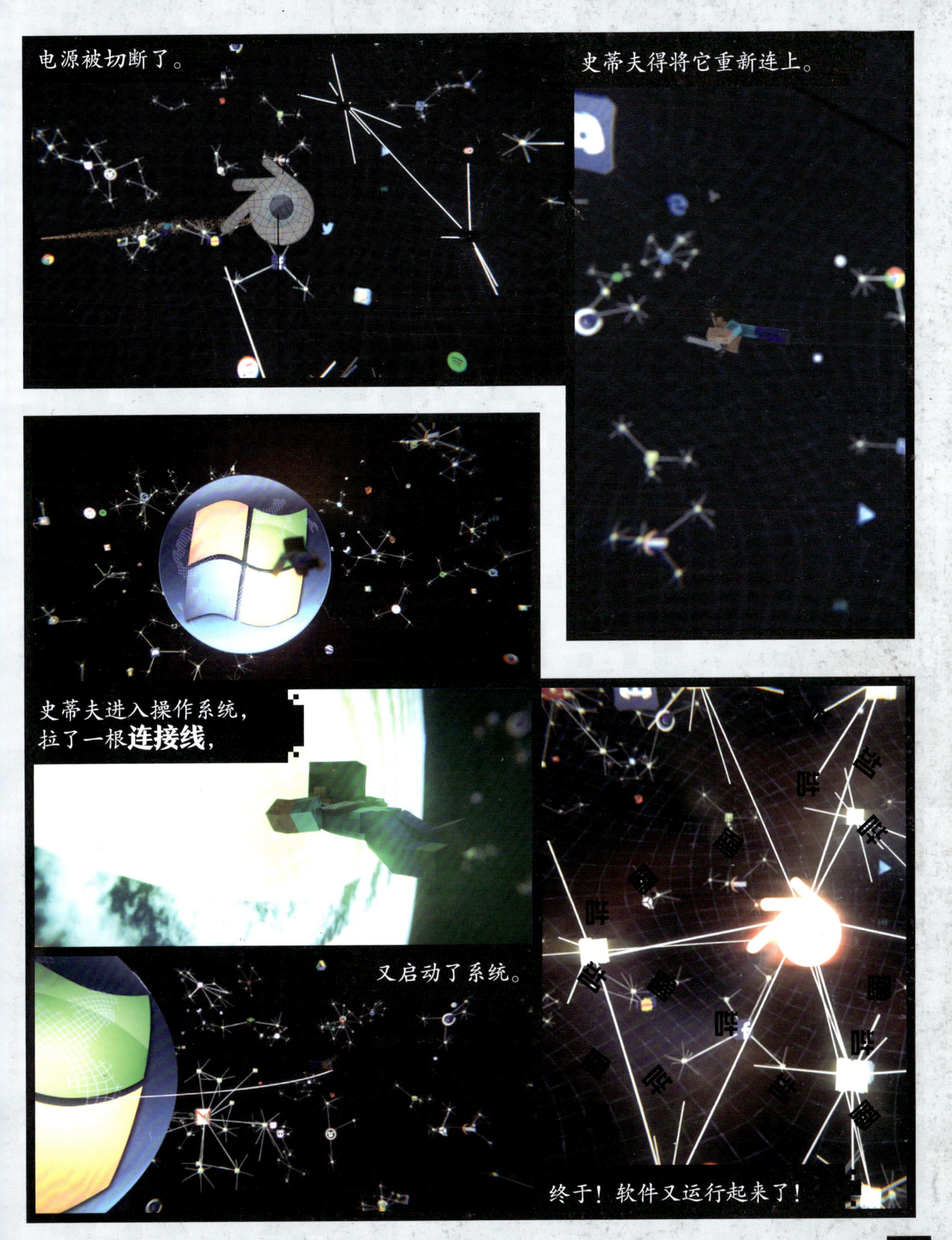

史蒂夫得将它重新连上。

史蒂夫进入操作系统，拉了一根**连接线**，

又启动了系统。

终于！软件又运行起来了！

艾比盯着死机的电脑。

什么?

这或许是个机会?

Blender
Blender.exe上次未正常关闭。
你想要重新加载最新的自动存档吗?
点击!
加载存档 取消

哇哦……

又是新的一天。

嗷呜嗷呜！

一切又回到了第一天！

但是重置就意味着**所有东西**都归零了。

包括每个角色!

而这不过是开始。

第3章

几天后。

史蒂夫在山脚下建了一座房子。

嗯……

吱呀

他撑起遮阳伞,打算好好放松一下。

砰!

这里的日子过得**很不错**……

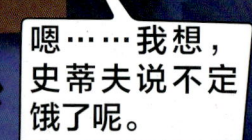

与此同时，在现实生活中……

咀嚼！

点击！

嗯……我想，史蒂夫说不定饿了呢。

保存起始文件
加载工作设置
链接
开始
数据预览
导入
导出
额外数据
退出

点击！

艾比向史蒂夫的世界传送了一个物品。

？

砰！

比萨饼

咔啦

好耶！谢谢。

是时候去看看我服务器里的兄弟们了。

塞尔

点击！

艾比选了个服务器登录。

点击！

点击！

Hypixel游戏服务器！

看起来这是片放松一下的**好地方**。

砰！

酷。

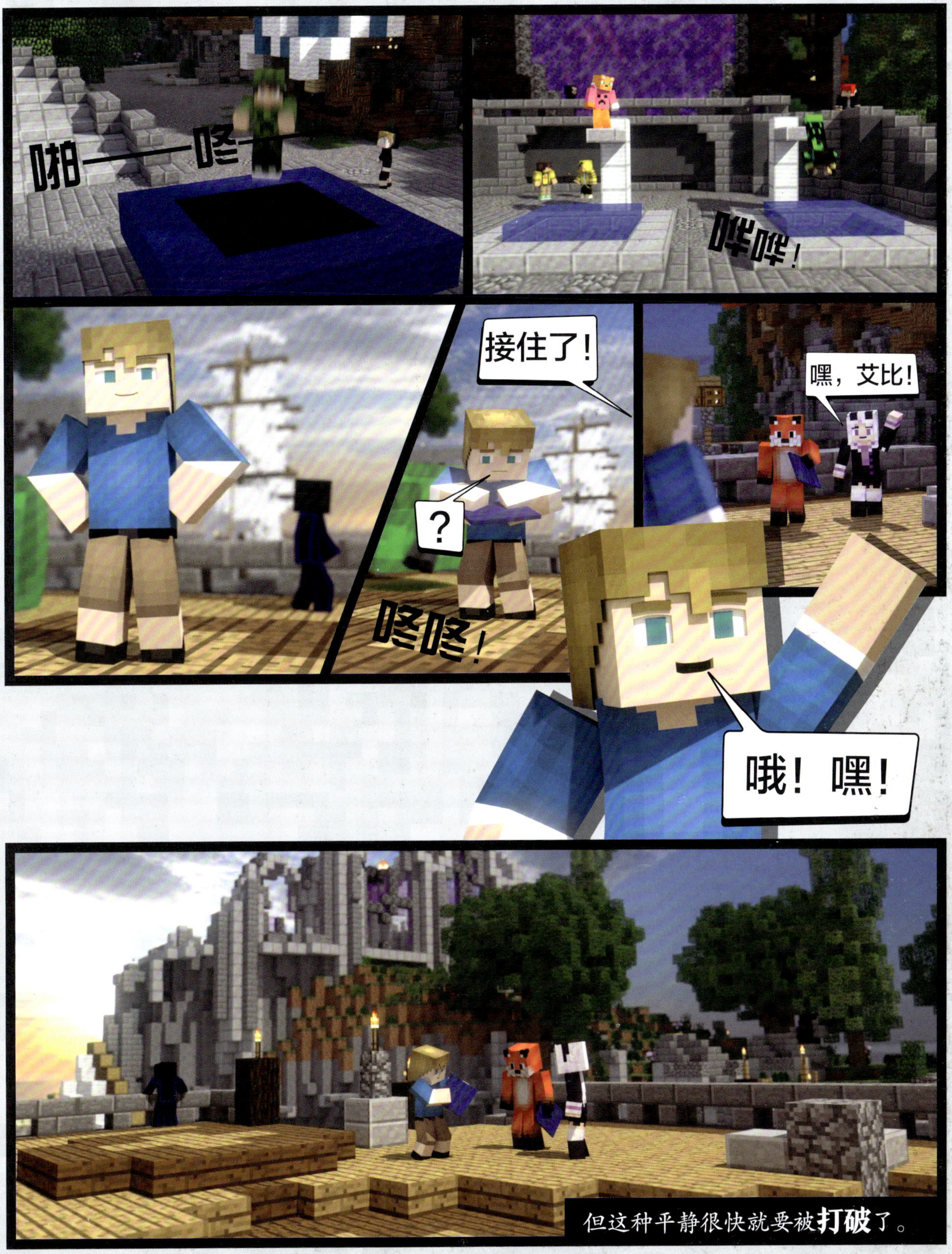
啪——咚
哗哗！
接住了！
？
咚咚！
嘿，艾比！
哦！嘿！
但这种平静很快就要被打破了。

那是因为，**洞穴**之中，

海洛布莱恩又回到了重组好的方块之前，

咚！ 咚！ 咚！

一起出现的还有他那些令人**毛骨悚然**的党羽们。

实体_303　　冰原狼　　恐惧之王　　虚无者

好……

尽管**方块**保持了一会儿形状，但还是碎裂了。

然后——

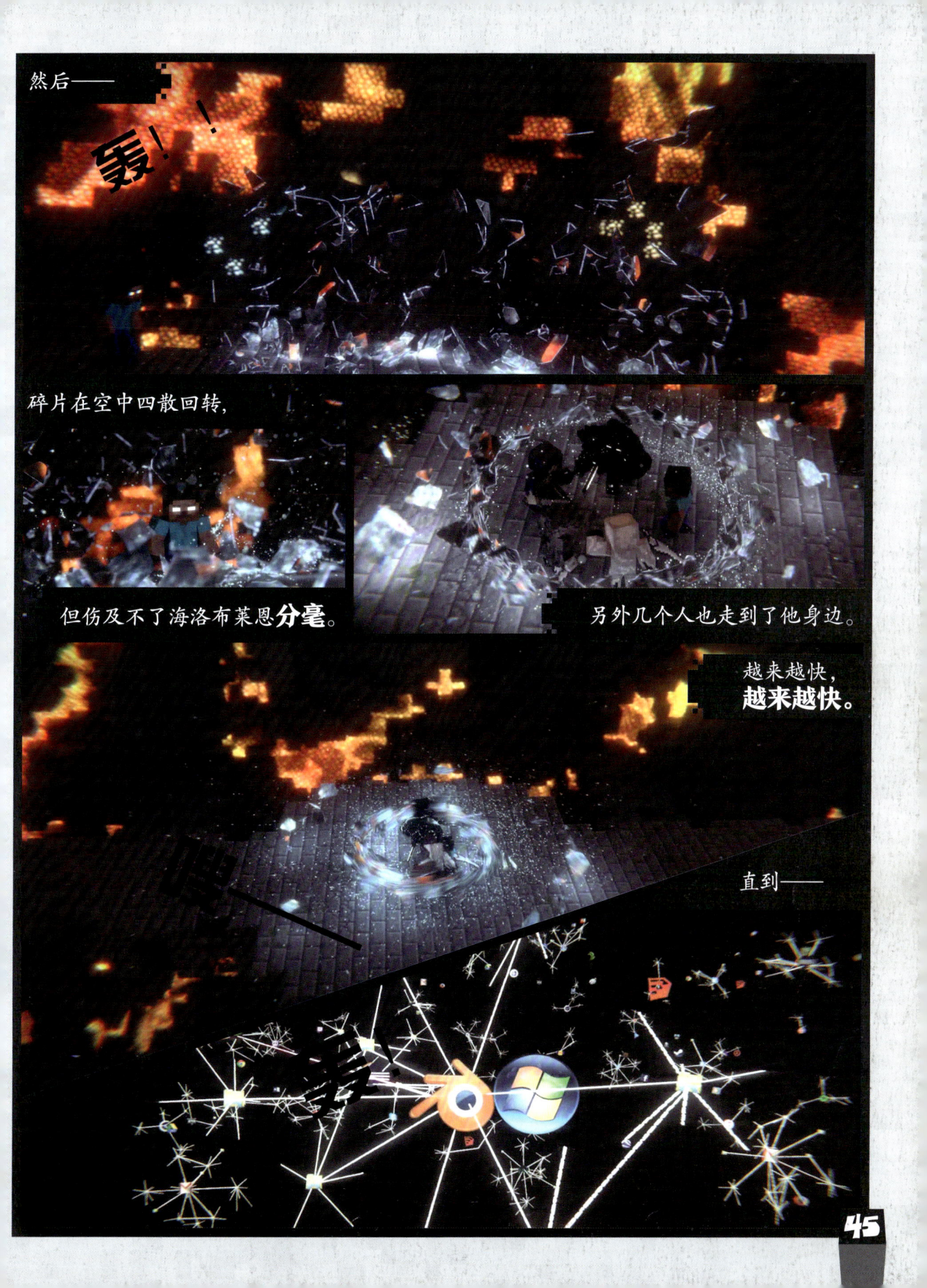

轰!!

碎片在空中四散回转,

但伤及不了海洛布莱恩**分毫**。

另外几个人也走到了他身边。

越来越快,
越来越快。

直到——

45

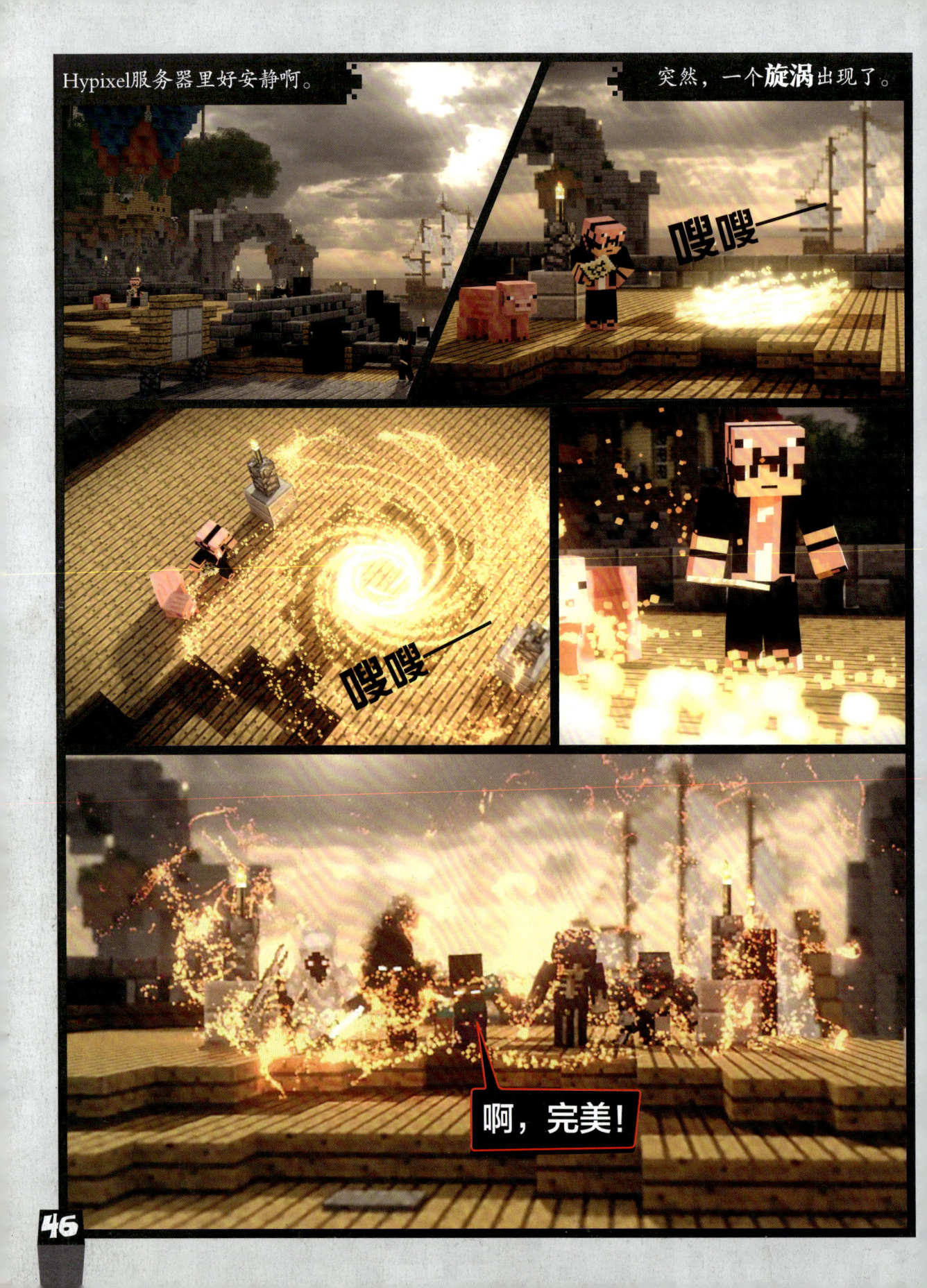

| Hypixel服务器里好安静啊。 | 突然，一个**旋涡**出现了。 |

嗖嗖

嗖嗖

啊，完美！

什么?

突然,

娱乐时间**结束**了。

快跑!

咔嚓!

哐!

呃……

猛击!

哎哟!

不……拜托……

砰!

不少玩家都没有做好战斗的准备。

怪物对付他们简直易如反掌。

艾比和他的朋友们听见了远远传来的尖叫声。

如今，他们最担心的事情发生了。

救命！！！

拔剑！

拔剑！

海洛布莱恩任由他的党羽们在服务器里肆虐。

他脑子里有自己的想法。

好。

这就行了。

反击正在进行。

那是谁?

他的朋友们突然掉线了!

别担心——我们可以撂倒他——

艾比想得太简单了。

砰!

砰!

哈?

嗯……

他需要**支援**，而他正好知道哪里能找到救助。

点击！

回到游戏
成就　统计
选项……　开放到局域网
断开连接

砰！

但我们的英雄需要的是快速补个觉！

点击！点击！点击！

我得把他叫醒！或许可以用那根骨头……

？

敲！

但哪怕是**敲脑壳**也不能叫醒史蒂夫。

嘿！

点击！

点击!

嗷呜?

快速移动!

当那只狼拼命抢夺着它的骨头时,现实中的鼠标也自己移动着位置。

嗖

嘿!

好吧。

点击!

54

不管是谁抢它的骨头，狼都决定，一定要甩开他。

呜……

拜托，兄弟，快松口！

它成功了。

哇！

鼠标也跑出去老远，把艾比桌上的东西都撞了下去。

嘿，德普。我遇到点儿小麻烦……

这也引起了别人的注意。

艾利克斯的剑落在远处的雪地上,她够不着。

但她摸到了剩下的一把武器。

锵!

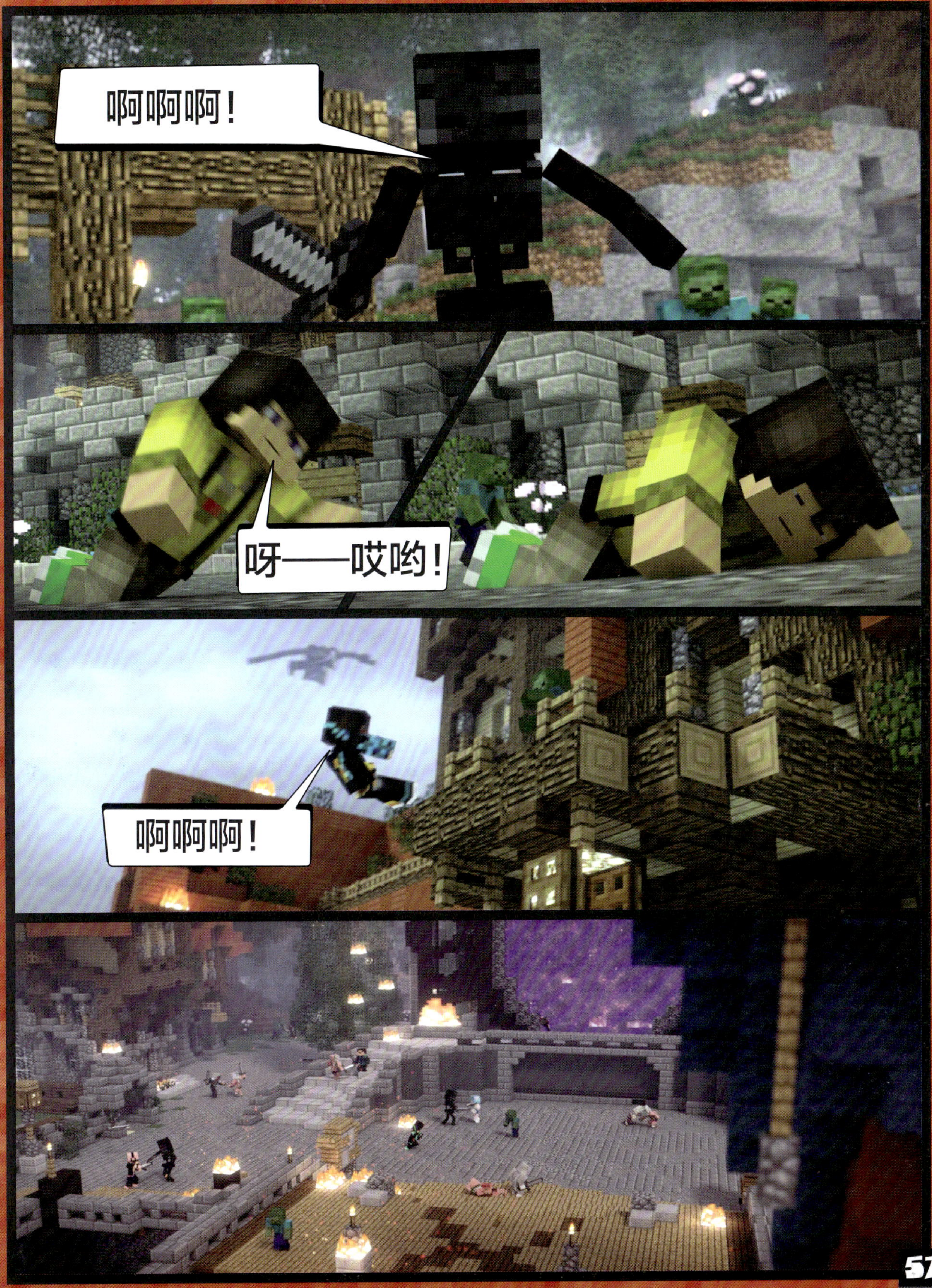
啊啊啊！
呀——哎哟！
啊啊啊！

呃……　呃——

呃！

呃……

刺穿

踹

谢谢了。

你快看，那是谁？

与此同时……

?

你来试试吧，我没办法了。

点击！

砰！

点击！

呼——

呼噜——呼噜——

史蒂夫突然感到有点儿冷。
他赶紧爬了起来。

?

哇啊!

这是什么?

呃……

随着德普的操作，这条大鱼慢慢转了起来——

德普？

你该不会是……
你是要……

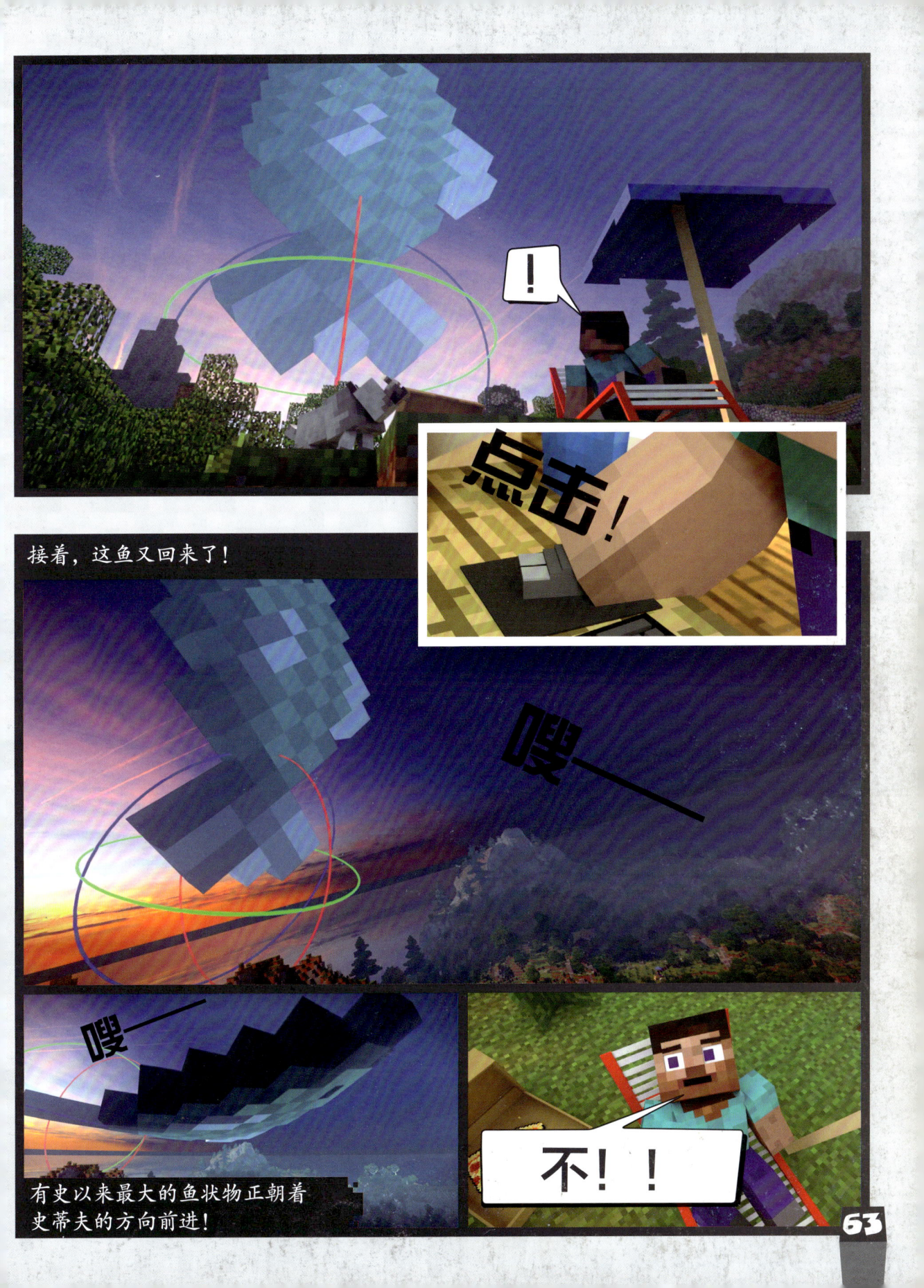

！

点击！

接着，这鱼又回来了！

嗖——

嗖——

有史以来最大的鱼状物正朝着史蒂夫的方向前进！

不！！

不要。

撞击！

嗖——

嗷呜！嗷呜！

眼看这鱼就要砸中史蒂夫的时候——

？

砰！

它突然消失了。

史蒂夫的心脏剧烈地跳动着，他不明白刚才发生了什么。

好吧，**无论如何**，现在他清醒了。

艾比传了一个文件夹给史蒂夫。

点击！

砰！

嗯……

文件夹里的照片让史蒂夫了解到现在发生了什么。

呜——

毫无疑问，他将要做些什么。

吱呀——

他要再次拿起**剑**，

回应那召唤。

呜呜——

抱歉，伙计……我得走了。

我这次不打算带你过去。

我很快就会回来。

轰——

吱吱——

服务器里真安静啊……

必须保持警觉。

他**感到**身后有人在跟着他——

原来你在那儿。

但其实还有**更多**……

嗖嗖

嗖——
嗖嗖——

哇！

史蒂夫有种不祥的预感，他接下来要以一敌十了，

甚至要以一敌多。

啊哦。

他是不会不战而退的。

实体_303已经先出手了!

嗖嗖——

嗖

嗖嗖

镰刀没有打中。

但这原本也不是为了击中他。

只不过是为了分散他的注意力。

在下界深处……

史蒂夫！

那个人转过身来，但他不是史蒂夫。

不过艾利克斯一点儿也不怕，

她慢慢向前走去。

那双白色的眼睛怀疑地看着她。

德普都不敢看了！

第4章

战争接近结束，服务器里一片死寂。

建筑成了**废墟**。

尸横遍野。

实体_303和恐惧之王在瓜分自己的战利品。

嗯……

但是黄雀在后。

冰原狼说得没错，确实有其他生物在。

你听到什么了吗？

但是恐惧之王和实体_303认为它们能对付得了。

快出来吧！速速现身！

冰原狼看到它头上有什么**东西**。

史蒂夫与死亡天使打斗起来。

将死亡天使逼到了悬崖边。
它发出嘲讽的叹息。

哈哈哈!

史蒂夫挥动他的剑。但是死亡天使飞走了,史蒂夫挥了个空。

艾利克斯正在和恐惧之王打斗。

实体_303正在消灭战场上的残余力量。

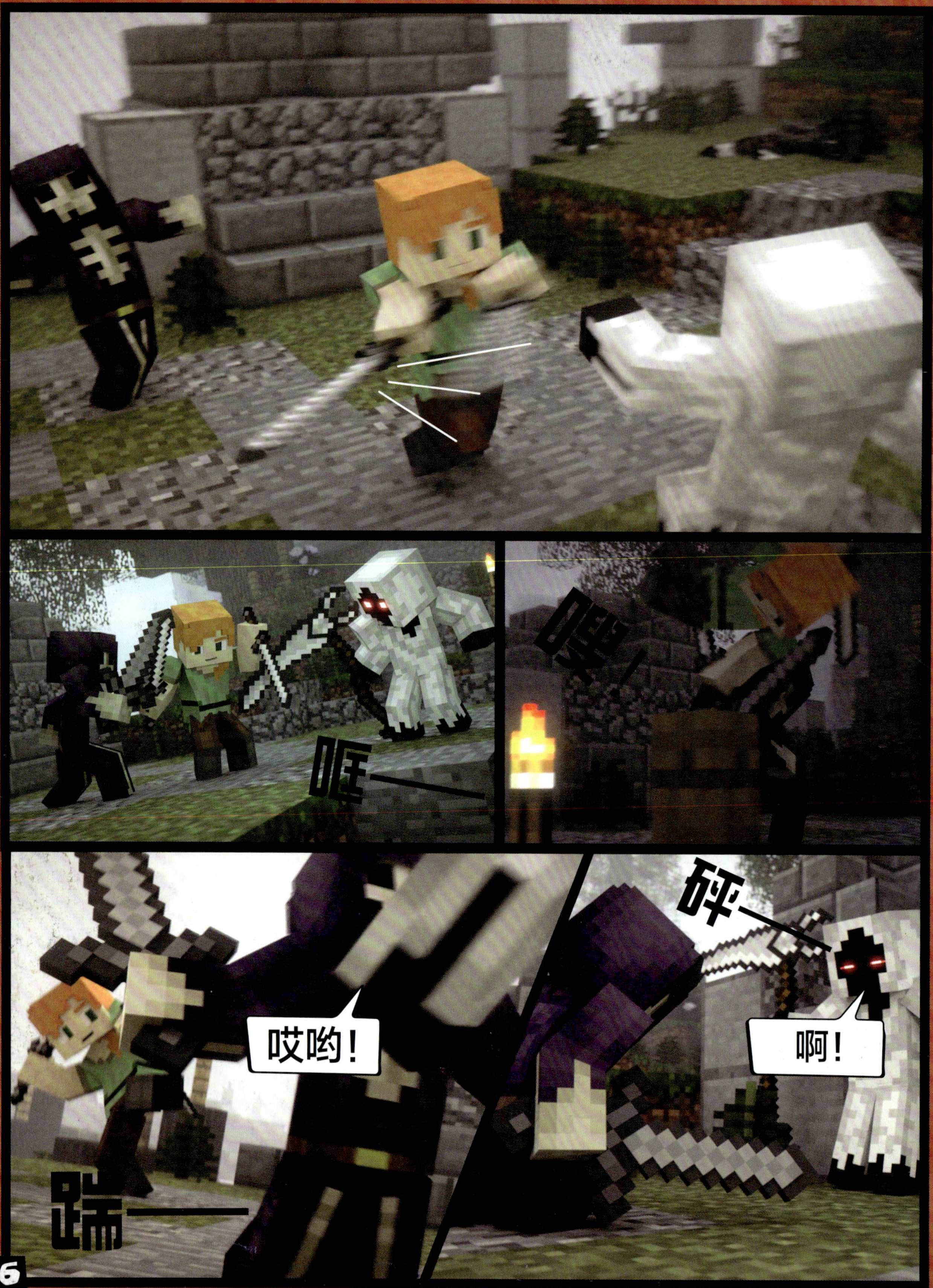
哐——
嗖！
踹——
哎哟！
砰——
啊！

艾利克斯伺机准备发起下次攻击。

你想一次搞定我俩，真是蠢透了。

我们强强联手，你就会……

跑！跑！跑！

哈？

你刚才是要"强强联手"吗？

下次我们可不会手软了！

艾利克斯并不打算追上去……

她有更重要的事情要做。

咕咚！
咕咚！
咕咚！

孔——

哦！

很高兴你能回来和我们一起战斗。

与此同时……

我们修复了您的剑。

实体_303和恐惧之王终于结束了本该很简单的工作。

还有,这是……等等,那家伙在哪里?不是你们押着的吗?他可是被打趴下了啊!

呃……

都是冰原狼的错!

哼。

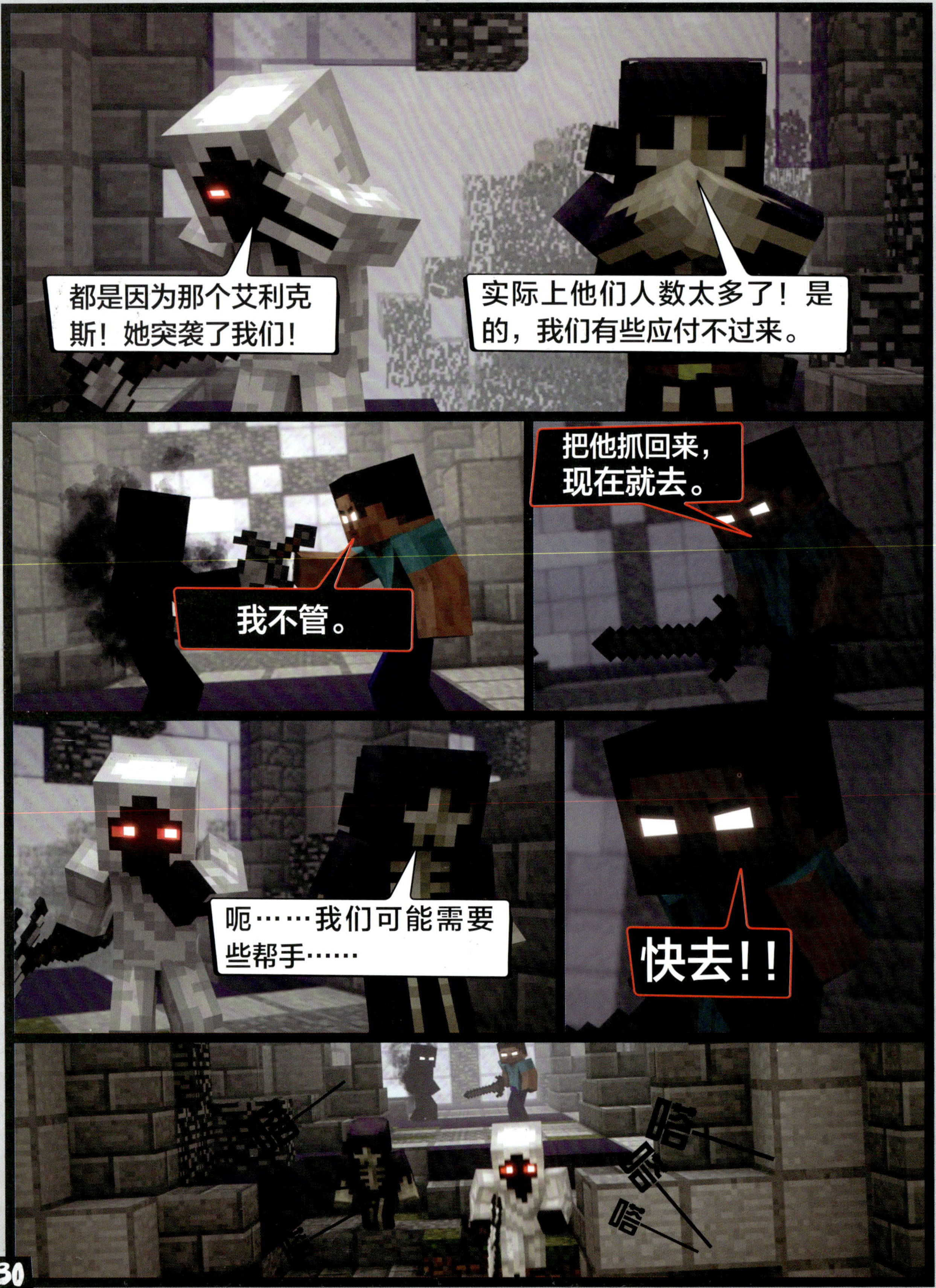

都是因为那个艾利克斯！她突袭了我们！
实际上他们人数太多了！是的，我们有些应付不过来。
我不管。
把他抓回来，现在就去。
呃……我们可能需要些帮手……
快去！！
嗒
嗒
嗒

另一边,艾比在等着回音……

遭遇袭击中!

多人游戏
HYPIXEL　32779/66000
正在遭受攻击!
SONGS OF WAR
SONGS OF WAR官方建筑服务器　22/30
BLACK PLASMA GAMING
欢迎来到BPG服务器!　10/60

Hypixel服务器的情况看起来不妙啊。

在Hypixel大楼……

西蒙来上班了。

早上好啊，小家伙，服务器怎么样啊？

?!

lolyou'vegotavirus.exe
检测到你的网络里存在病毒！
是否修复？
是　　否

点击！
点击！

砰！

这可得修复，赶紧的！
于是，西蒙进入了服务器。

命令方块可以摧毁任何病毒。

掉——

本来很简单的。

成！

敲！敲！敲！敲！敲！

但不知道哪儿来的钩子飞过来钩住了命令方块，

嗖——

?

把它钩走了！

抓——

好吧，这可是个意外之喜。

他**可不能**搞丢命令方块。

否则这整个**世界**都将落入海洛布莱恩的魔掌！

拿好方块。我来干掉他。

好极了。

但正当它打算离开时……

它又一次迎头撞上了艾利克斯和史蒂夫。

那是……命令方块？

它是我的。

不！！

实体_303向前丢出了镰刀。

嗖嗖

它在空中回旋。

从后面砍向史蒂夫与艾利克斯！

扑通！

史蒂夫及时趴在了地上——

艾利克斯——小心！

嗖嗖嗖嗖——

翻转！

实体_303抓住了镰刀。

嘟

然后穿过了传送门！

艾利克斯紧随而上！

史蒂夫决定跟上。

但穿过门后,他到处看了看。

发现自己到了服务器的另一区域。

这里的一切好像还很平静,一点儿混乱的迹象都没有。

所以他们去哪里了?

他进入传送门的时间只比艾利克斯和实体_303晚一点儿。

服务器里的其他地方……

艾利克斯在街上搜查着。

她必须保持警觉。

?

终于，她找到了藏起来的实体_303！

哐！ 哐！

哎哟！

挥—— 踹——

瞧瞧，这次我可不怕你了。

但是总有意料**之外**的事情。

砰！
砰！

围观的人群中有人扔出了东西。

它想抓回命令方块。

哐！
哐！

掉落！

但命令方块落到了一张蹦床上！

嗙——

他们同时跳向空中——　　其中一个人将会抢先一步。

究竟是谁呢？！

未完待续……